Índice

¿Qué...

Pear...

Patricia Brennan Demuth

Ilustraciones de John Mantha

SANTILLANA USA

En recuerdo de mi tío Jack Conway, miembro de la Armada
en el Pacífico, y a mi querida tía Helen.
P.B.D.
A mi esposa, Leanne.
J.M.

loqueleo

Título original: *What Was Pearl Harbor?*
© Del texto: 2013, Patricia Brennan Demuth
© De las ilustraciones: 2013, Penguin Group (USA) Inc.
© De la ilustración de portada: 2013, Tim Tomkinson
Todos los derechos reservados.

Publicado en español con la autorización de Grosset & Dunlap, un sello de Penguin Young Readers Group, una división de Penguin Random House LLC

© De esta edición:
2016, Santillana USA Publishing Company, Inc.
2023 NW 84th Avenue
Miami, FL 33122, USA
www.santillanausa.com

Dirección editorial: Isabel C. Mendoza
Coordinación de montaje: Claudia Baca
Servicios editoriales de traducción por Cambridge BrickHouse, Inc.
www.cambridgebh.com

Loqueleo es un sello de **Santillana**. Estas son sus sedes:
ARGENTINA, BOLIVIA, BRASIL, CHILE, COLOMBIA, COSTA RICA, ECUADOR, EL SALVADOR,
ESPAÑA, ESTADOS UNIDOS, GUATEMALA, MÉXICO, PANAMÁ, PARAGUAY, PERÚ, PORTUGAL,
PUERTO RICO, REPÚBLICA DOMINICANA, URUGUAY Y VENEZUELA.

¿Qué fue Pearl Harbor?
ISBN: 978-1-631-13407-4

Published in the United States of America
Printed in USA by Whitehall Printing Company

20 19 18 17 16   1 2 3 4 5 6 7 8 9 10

¿Qué fue Pearl Harbor?

Era un domingo soleado y hermoso en Pearl Harbor, como casi todos los días en la isla de Oahu, en Hawái.

En 1941, en Pearl Harbor había una gran base militar. En total, dieciocho mil miembros de la Armada y el Ejército de Estados Unidos vivían allí. Más de cien barcos de guerra estaban atracados en el puerto. La flota incluía ocho acorazados inmensos, blindados y armados hasta el tope. Casi todos medían el largo de dos campos de fútbol. También había campos de aviación por toda la isla con cientos de aviones de guerra.

Los marineros y aviadores estadounidenses entrenaban intensamente en caso de que Estados Unidos entrara en la Segunda Guerra Mundial. Sin embargo, la guerra parecía muy lejana. Todas las batallas ocurrían en Europa y África.

La única amenaza en el Pacífico venía de Japón. Aunque últimamente habían aumentado las tensiones entre Japón y Estados Unidos, había negociaciones de paz en marcha. Por eso, en esta mañana de diciembre, los hombres en Pearl Harbor pensaban en sus planes para el domingo y no en la guerra.

A las 7:55 a. m., los marineros de cada buque se alistaban para izar la bandera. A bordo del acorazado *Nevada*, una banda de la Armada se preparaba para tocar "The Star Spangled Banner" (La bandera de estrellas centelleantes). Algunos hombres de la banda vieron aviones en la distancia y, aunque les pareció extraño que volaran tan bajo, no le dieron importancia. Quizás eran pilotos estadounidenses haciendo simulacros.

Pero los aviones venían directo hacia el puerto, y eso era aún más extraño. Los miembros de la banda se pusieron nerviosos. ¿Qué estaba pasando?

En minutos, justo cuando la banda empezaba a tocar, varios aviones de combate volaban directamente sobre la bahía... ¡y empezaron a lanzar bombas!

Un avión voló en picado sobre el *Nevada* y empezó a disparar contra la banda. Los muchachos vieron un sol rojo, el símbolo de Japón, en una de sus alas, y todas las dudas se disiparon: ¡se trataba de un ataque japonés!

Por un momento, los músicos perdieron el ritmo pero se negaron a dejar de tocar su himno nacional. Lo tocaron hasta el final, ¡y luego corrieron a protegerse! Asombrosamente, ninguno fue herido.

Otros miles fueron menos afortunados. Alrededor del *Nevada*, los marineros estadounidenses morían mientras los buques de guerra explotaban.

Los japoneses habían sorprendido a Estados Unidos con un fuerte ataque aéreo que duró un par de horas. Cuando terminó el ataque a Pearl Harbor, 2,402 estadounidenses habían muerto.

Los sucesos de ese día forzaron a Estados Unidos a entrar en la Segunda Guerra Mundial, una guerra que no terminaría sino hasta el verano de 1945.

En la memoria de Estados Unidos quedó grabado para siempre el día 7 de diciembre de 1941 en Pearl Harbor.

Pearl Harbor

Pearl Harbor está en la isla de Oahu, en Hawái. (Al momento del ataque, Hawái era un territorio estadounidense. Se convertiría en el estado número cincuenta en 1959). Además del puerto, había astilleros, aeródromos, plantas eléctricas, barracas, edificios de oficinas y un hospital naval con mil camas.

En el centro de la bahía estaba la isla Ford. Siete acorazados (el orgullo de la Flota del Pacífico de EE. UU.) estaban anclados uno al lado del otro al este de la isla, alineados cuidadosamente en lo que se conoce como Formación de Acorazados. Eran los buques *Arizona*, *California*, *Maryland*, *Nevada*, *Oklahoma*, *Tennessee* y *West Virginia*. El día del ataque, un barco de reparación llamado *Vestal* también estaba allí, atracado al lado del *Arizona*. El acorazado *Pennsylvania* estaba fuera del agua, en un muelle cercano. La Formación de Acorazados fue el blanco principal de los aviones torpederos japoneses.

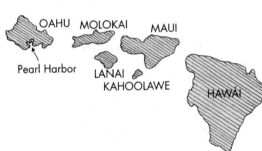

Océano Pacífico

NIIHAU

KAUAI

OAHU MOLOKAI MAUI

Pearl Harbor

LANAI
KAHOOLAWE

HAWÁI

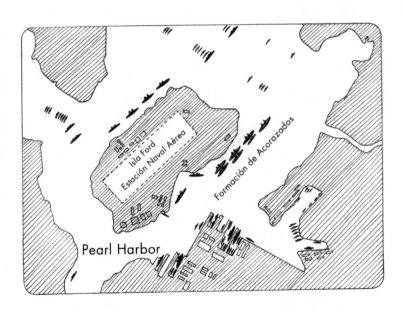

Isla Ford
Estación Naval Aérea

Formación de Acorazados

Pearl Harbor

Capítulo 1
Convertirse en enemigos

Mientras las bombas caían en Pearl Harbor, un marinero exclamó: "¡Ni siquiera sabía que [los japoneses] estaban molestos con nosotros!".

Antes del ataque, muchos estadounidenses no se habían dado cuenta de que Japón y Estados Unidos se estaban convirtiendo en enemigos acérrimos. En la mente de la mayoría, el enemigo era Adolfo Hitler, el dictador despiadado de la Alemania nazi,

cuyo objetivo era conquistar todas las democracias de Europa.

En 1939, Hitler había iniciado la Segunda Guerra Mundial cuando sus tropas invadieron Polonia. Inmediatamente, Gran Bretaña y Francia le declararon la guerra a Alemania.

Los nazis iban aplastando un país tras otro; los Países Bajos y Francia cayeron en la primavera de 1940, lo que dejó a Gran Bretaña sola contra los alemanes.

El presidente Franklin Roosevelt envió armas, tanques y aviones para ayudar a los británicos, pero no envió soldados estadounidenses.

Franklin Delano Roosevelt

(1882–1945)

El presidente Franklin Roosevelt guio a Estados Unidos a través de dos etapas muy difíciles: la Gran Depresión y la Segunda Guerra Mundial.

Roosevelt nació en Hyde Park, Nueva York, en 1882. Venía de una familia adinerada y quiso dedicar su vida al servicio público. A los 28 años, fue elegido Senador. Y durante la Primera Guerra Mundial, se desempeñó como Asistente del Secretario de la Armada.

En 1921 sucedió una tragedia. Roosevelt enfermó de polio, y no pudo volver a caminar. Pocas personas pensaron que seguiría en la política. Pero Roosevelt luchó con la ayuda de su esposa, Eleanor. Fue gobernador de Nueva York de 1929 a 1932.

Fue elegido presidente por primera vez en 1932. El país estaba bajo el yugo de la Gran Depresión, que había dejado a millones de estadounidenses sin trabajo. "A lo único que debemos tener miedo es al miedo mismo", dijo este gran orador. Creó programas de empleo que a su vez ayudaron al país a ponerse de pie.

Fue elegido presidente tres veces más: en 1936, 1940 y 1944. (Debido a un cambio en la Constitución en 1951, ahora nadie puede ser elegido presidente por más de dos términos). Cuando Roosevelt empezó su tercer mandato, la Segunda Guerra Mundial ya arrasaba con Europa. Aunque Roosevelt había prometido mantener a Estados Unidos

dos fuera de la guerra, todo cambió después del ataque a Pearl Harbor.

Roosevelt murió el 12 de abril de 1945. Menos de un mes después, Alemania se rindió. Japón se rindió luego, el 2 de septiembre del mismo año.

La mayoría de los estadounidenses querían permanecer fuera de la guerra. La Primera Guerra Mundial, que terminó en 1918, seguía fresca en su memoria. Estados Unidos había perdido más de cien mil soldados. Se suponía que había sido "la guerra que terminaba con todas las guerras". Pero solo veinte años después, se inició otra guerra mundial.

Al otro lado de la Tierra, otro poder militar se estaba levantando.

Japón es una nación conformada por muchas islas, rodeadas por miles de millas del océano Pacífico. Hasta 1853, cuando abrió sus puertas al comercio mundial, Japón se había mantenido separada del resto del mundo durante miles de años. Pronto su sociedad se modernizó y su poderío militar creció. Japón comenzó a soñar en convertirse en una potencia mundial. Sin embargo, la pequeña nación no tenía los recursos para cumplir su meta. Necesitaba carbón, caucho y petróleo. En la década de 1930, se propuso conseguir estos recursos conquistando a sus vecinos en Asia y el Pacífico.

JAPÓN

CHINA

JAPÓN

EE. UU.

ISLAS DE HAWÁI

Océano Pacífico

TAHITÍ

AUSTRALIA

NUEVA ZELANDA

En 1937, Japón invadió China e inició una guerra a gran escala. Para 1940, ya estaba listo para invadir tierras en el Pacífico Sur, incluyendo lo que hoy son Indonesia, Malasia, Vietnam, Camboya y Filipinas, que entonces estaban gobernados por países europeos. Pero en Europa estaban ocupados en la guerra con Hitler, así que solo una potencia le impedía el paso a Japón: Estados Unidos.

En junio de 1940, Japón invadió la Indochina francesa (lo que hoy es Vietnam y Camboya), y Roosevelt pasó a la acción. Movió la Flota del Pacífico de California a Pearl Harbor, en Hawái, de manera que una poderosa fuerza ahora hacía guardia contra cualquier posible avance japonés.

Tres meses después, Japón firmó un pacto para unir fuerzas con la Alemania nazi y su aliado, Italia. Así le mandaba un mensaje claro a Estados Unidos: retrocedan.

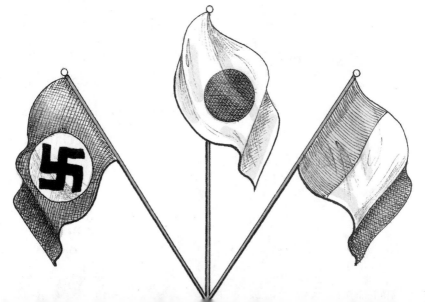

Durante 1941, Estados Unidos y los líderes militares que controlaban Japón intercambiaron mensajes. Estados Unidos insistía en que Japón debía salir de Indochina y detener sus invasiones. Japón insistía en que Estados Unidos debía ocuparse de sus propios asuntos pues Japón era libre de hacer lo que quisiera.

En el verano, el presidente Roosevelt inició un embargo comercial contra Japón, lo que significaba que ese país ya no podría obtener petróleo estadounidense. Para Japón, esto era muy serio. El país dependía del petróleo de EE. UU., y sin él, la maquinaria militar japonesa quedaría paralizada.

Japón tenía dos caminos: podía aceptar las exigencias de Estados Unidos o declararle la guerra.

Primer ministro Tojo

Emperador Hirohito
(1901–1989)

Hirohito era emperador de Japón en 1941. "Emperador" suena como algo muy poderoso. Sin embargo, el gobierno estaba dirigido realmente por los jefes militares y el primer ministro. Aunque Hirohito quería mantener la paz con Estados Unidos, al final aprobó el ataque a Pearl Harbor.

Cuatro años después, en 1945, Hirohito anunció por la radio la rendición de Japón. Era la primera vez que los japoneses escuchaban su voz. Murió en 1989 después de un reinado de sesenta y dos años.

Capítulo 2
Un plan peligroso y arriesgado

Mientras la tensión aumentaba entre Japón y Estados Unidos, algunos líderes estadounidenses temían un ataque japonés en alguna parte del Pacífico, quizás en Filipinas. Lo que casi nadie pensó fue que los japoneses se atreverían a atacar Pearl Harbor.

Parecía que tres cosas protegían a Pearl Harbor. Una, la poderosa Flota del Pacífico tenía su base allí, y cualquier ataque sería aplastado inmediatamente. Dos, allí no se podrían usar torpedos, unos misiles en forma de cigarro que se lanzan desde un avión para atacar naves debajo de la superficie del mar. Las aguas en la bahía de Pearl Harbor eran poco profundas y los torpedos se atascarían en el lodo y no explotarían. Tres, Pearl Harbor estaba a 4,000 millas de Japón.

Un ataque sorpresa parecía imposible. Los aviones o barcos serían detectados mucho antes de que pudieran atacar.

Los japoneses sabían de estos riesgos. Por eso todos sus líderes militares descartaron la idea de atacar Pearl Harbor. Todos, menos uno: el almirante Isoroku Yamamoto, un oficial importante de la Armada Imperial.

El almirante Yamamoto no creía que Japón pudiera ganar una guerra larga contra Estados Unidos. Había vivido allí por varios años y había visto de cerca su poderío económico y militar. A pesar de esto, Yamamoto creía que Japón podía ganar un muy importante primer ataque... *si* caía de sorpresa.

Un primer ataque a Pearl Harbor podría representar un golpe demoledor para la flota estadounidense. EE. UU. no sería capaz de contraatacar en muchos meses y, mientras tanto, Japón tomaría el control del Pacífico Sur. Eso "aplastaría la voluntad de pelear del enemigo", dijo Yamamoto.

Su idea era peligrosa y arriesgada. Sin embargo, los militares le dieron luz verde para organizar un plan.

Yamamoto reunió a un grupo de ingenieros y líderes militares que planearon un ataque muy diferente, algo que nunca antes se había intentado.

Hasta entonces, las grandes batallas navales se desarrollaban en mar abierto, donde inmensos buques de guerra se disparaban unos a otros con cañones. Pero en el plan de Yamamoto, el ataque vendría desde el aire y las aeronaves despegarían desde grandes portaaviones.

Un portaaviones es básicamente un aeropuerto flotante. Puede transportar cientos de aviones a través de los mares. Su cubierta es larga y plana, con una pista para despegar y aterrizar.

El plan maestro de Yamamoto precisaba que varios portaaviones con cientos de aviones se acercaran a Pearl Harbor. La fuerza de ataque incluiría bombarderos y aviones de combate. Y el arma principal sería un torpedo. Un torpedo que funcionara en aguas poco profundas.

Al equipo de Yamamoto se le ocurrió la brillante idea de ponerles aletas de madera, las cuales harían que los torpedos giraran hacia un blanco al momento de tocar el agua. Resuelto este problema, los japoneses podrían abrir hoyos en los cascos de los acorazados estadounidenses y destruirlos.

Almirante Isoroku Yamamoto
(1884–1943)

El almirante Yamamoto, de cincuenta y siete años de edad, fue quien organizó el ataque a Pearl Harbor. Yamamoto había vivido en Estados Unidos; primero como estudiante de la Universidad de Harvard y luego como oficial japonés en Washington, D.C. Durante esos años, desarrolló

un profundo respeto por el país. Cuando la Segunda Guerra Mundial empezó, le preocupaba que Japón se hiciera aliado de Alemania. Pensó que esto los llevaría a una guerra contra Estados Unidos, la cual Japón no podría ganar.

Yamamoto creía que en ese momento tener el poder aéreo era la única manera de ganar una guerra. Incluso predijo que las batallas en el mar se podrían ganar disparando contra buques desde el aire. (Antes, las batallas en el mar significaban grandes barcos combatiendo entre sí). Yamamoto supervisó la construcción de una gran flota aérea en Japón. Para 1941, los japoneses tenían casi cinco mil aviones de guerra. Su planificación del ataque a Pearl Harbor resultó ser brillante.

El ejército estadounidense persiguió y dio muerte a Yamamoto en 1943 por su participación en el ataque a Pearl Harbor.

Capítulo 3
Ultrasecreto

El ataque fue ultrasecreto desde el principio. Los pilotos japoneses entrenaron durante meses, pero no sabían para qué lo hacían. Se les mantuvo ajenos al plan hasta poco antes del ataque.

Muy pocos en el ejército japonés conocían el plan. Ni siquiera el emperador Hirohito lo supo durante muchos meses. Tampoco lo supo el embajador de Japón en Washington, D.C., quien se enteró del ataque *después* de que ocurrió.

Hacia mediados de noviembre, la flota japonesa estaba lista para partir. Pero, ¿cómo podrían salir de Japón los grandes portaaviones sin ser vistos por los espías de EE. UU.?

La respuesta: no salieron en grupo. Los barcos de guerra fueron dejando Japón de uno en uno,

tomando rutas diferentes para no llamar la atención.
Luego, todos se encontrarían en una isla remota al
norte del país.

Destructor

Acorazado

Para evitar ser detectados por barcos de otros países, tomaron rutas por mares hostiles y helados. Los radios iban apagados, de modo que la Armada de EE. UU. no podría detectar sus señales. Detrás de la flota iban barcos petroleros que abastecerían de combustible a los buques de guerra, de

Petrolero

Portaaviones

Submarino

manera que no fuera necesario parar en otros puertos. La flota japonesa contaba con unos treinta barcos en total. Seis portaaviones llevaban cientos de aviones de guerra. Los otros buques los acompañaban para protegerlos o reabastecerlos.

Con ellos también iba una flota de submarinos. Estas eran las únicas naves que llegarían hasta Pearl Harbor. Cinco de los submarinos transportaban minisubmarinos. Antes del amanecer, en el día del ataque, los minis debían entrar en la bahía y esperar en el fondo oscuro hasta que el bombardeo empezara. Entonces los minisubmarinos abrirían

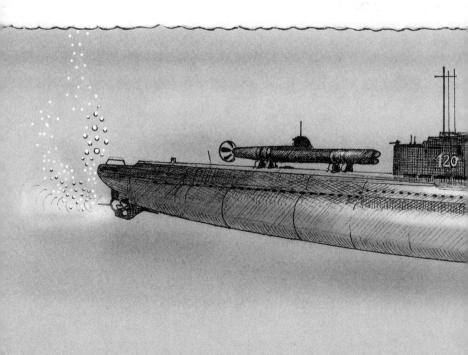

fuego y atacarían a los buques estadounidenses por debajo del agua.

El comandante a cargo de los barcos era el vicealmirante Nagumo. Él sabía que existía la posibilidad de que el ataque se cancelara. Si Japón y Estados Unidos llegaban a un acuerdo, recibiría la orden de "regresar a la patria".

Almirante Nagumo

Sin embargo, cada día que pasaba el acuerdo parecía menos probable. Washington seguía en las conversaciones sin saber que Japón hablaba de paz y planeaba una guerra. El presidente Roosevelt ofreció levantar el embargo comercial si Japón retiraba sus tropas de Indochina.

Esa idea enfureció a Japón. El 1º. de diciembre, varios líderes militares japoneses se reunieron con el emperador Hirohito para pedirle que comenzara la guerra. El primer ministro Tojo reportó en tono grave: "El problema ha llegado a un punto en que Japón debe iniciar la guerra... para conservar su imperio". El emperador accedió.

El día siguiente, Nagumo recibió el mensaje: "Suba al monte Niitaka". El monte Niitaka era la montaña más alta del imperio japonés, y este mensaje era la forma secreta de decir: "¡Procedan! ¡Ataquen Pearl Harbor!".

Capítulo 4
Problemas al amanecer

Mientras la mayoría de la gente en Pearl Harbor dormía, el comandante Mitsuo Fuchida se preparaba para la batalla. Llevaba puesta una camisa roja. Si lo herían las balas, la camisa evitaría que las tropas notaran la sangre.

La flota japonesa se detuvo 230 millas al norte de Hawái. Desde allí, los aviones de ataque despegarían de los portaaviones en dos grupos, con una hora de diferencia.

Fuchida vio con alarma que el mar estaba turbulento, y así era peligroso despegar. Las olas rompían sobre la cubierta de los portaaviones y los hacían mecerse de un lado a otro. La tripulación se sujetaba de los aviones para no caer al mar. Pero el día de la batalla había llegado y no había marcha atrás.

Poco después de las 6:00 a. m., Fuchida dio la orden de despegar. Uno a uno, los aviones de los seis portaaviones se elevaron rugiendo hacia el cielo. Los pilotos volaron en círculo hasta que los 183 estuvieron en el aire. Fuchida iba en el avión líder mientras los otros pilotos lo seguían. Pearl Harbor estaba a noventa minutos de allí.

En Oahu, un pequeño barco llamado el USS *Ward* patrullaba temprano en la mañana cerca de la entrada a Pearl Harbor. A las 6:45, los vigías vieron algo saliendo del agua. Parecía una boya, pero no lo era. ¡Era la engañosa torre de un submarino enemigo!

"¡Disparen!", ordenó el comandante del barco patrulla. La tripulación disparó contra el submarino, primero con armas y luego con bombas que detonaron bajo el agua. El submarino explotó en un borbotón de espuma. Sin saberlo, los marineros habían hundido un minisubmarino japonés.

De inmediato, el comandante envió por radio un reporte del hundimiento. El mensaje pasó lentamente de un oficial al siguiente, hasta que llegó

al cuartel general. El reporte "causó cierto revuelo", dijo un testigo. Sin embargo, los oficiales pensaron que no era "tan importante como para poner en alerta a toda la flota". No se hizo nada.

Otra alarma llegó a las 7:02. Dos jóvenes solda-dos que estaban asignados a una estación de rada-res en la solitaria punta norte de Oahu, vieron de repente que una gran señal apareció en la pantalla

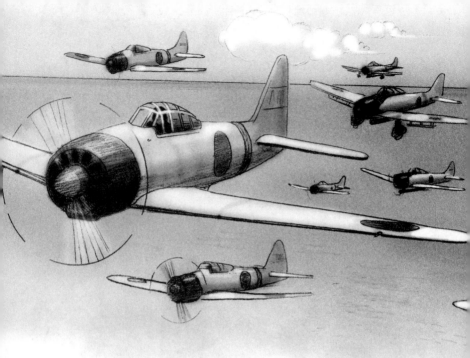

del radar. ¡Parecía que unos cincuenta o más aviones estaban a solo 140 millas de allí!

Uno de los soldados reportó la señal por teléfono. El oficial que escuchó el informe recordó que varios aviones estadounidenses llegarían esa mañana desde California y pensó que esos eran los aviones que se veían en el radar. "No se preocupen", dijo.

Dos señales de peligro fueron detectadas. Y fueron ignoradas. Después, las fuerzas armadas se arrepintieron profundamente de esos errores.

Mientras tanto, el primer grupo de aviones japoneses se acercaba a Oahu. A las 7:30, el segundo grupo de aviones también estaba en el aire. En total, ¡eran 353 aviones enemigos! Todo iba de acuerdo al plan. Pero el comandante Fuchida tenía razones para preocuparse. Una nube oscurecía la isla. Eso haría difícil que los pilotos encontraran sus blancos.

Pero de repente, el cielo se despejó y la costa apareció debajo. Sería un día claro después de todo, ideal para un ataque aéreo.

Fuchida vio los acorazados estadounidenses. "No podía imaginar una situación más favorable", escribió más tarde.

Fuchida dijo por radio a los pilotos: "*¡To! ¡To! ¡To!*" (¡Ataquen! ¡Ataquen! ¡Ataquen!). Eran las 7:49 a. m.

Cuarenta bombarderos volaron hacia los acorazados estadounidenses. Detrás venían los bombarderos de alto nivel. Otro grupo de aviones se dirigió hacia los aeródromos.

Fuchida miró el cielo. Solo se veían sus propios aviones. Ningún avión estadounidense volaba para defender la Flota del Pacífico.

Fuchida dijo por radio a la Armada japonesa: "*¡Tora! ¡Tora! ¡Tora!*" (¡Tigre! ¡Tigre! ¡Tigre!). Este código significaba que habían llegado en secreto a la bahía. Hasta ahora, todo bien.

El código de los guerreros

Antes de que las tropas japonesas salieran hacia Pearl Harbor, Yamamoto les recordó mantener el antiguo código Bushido, el cual determina las estrictas reglas de conducta de los guerreros. Deben ser leales, mostrar valentía y autocontrol y estar listos para morir por Japón. Los guerreros Bushido valoraban el honor por encima de su propia vida.

Los guerreros Bushido siempre llevaban cierta ropa a la batalla. La mañana del 7 de diciembre, los pilotos se anudaron pañuelos en la cabeza. Cada pañuelo tenía un flamante punto rojo que simbolizaba el Sol Naciente, el símbolo de Japón. La palabra japonesa para "victoria segura" fue cosida en cada pañuelo. Algunos pilotos se ataron a la cintura un "cinturón de las mil puntadas" para la buena suerte. Estos cinturones eran elaborados por mujeres japonesas; cada una cosía una puntada, hasta llegar a mil.

Capítulo 5
"¡No es un simulacro!"

Esa mañana había una gran calma en Pearl Harbor. Muchos marineros dormían hasta tarde. Muchos otros desayunaban en el comedor.

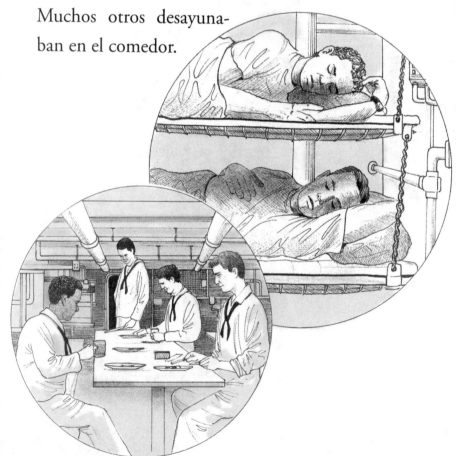

Algunos tenían planeado pasar su día libre en la isla. Los enormes acorazados estaban anclados y las olas golpeaban suavemente sus cascos.

Entonces, una flota de aviones de combate, densa como un enjambre de avispas, oscureció el cielo.

Al principio, muy pocos se preocuparon. La mayoría creyó que eran pilotos estadounidenses haciendo un simulacro o dando un espectáculo en el aire.

Un almirante ni siquiera se alarmó al ver las bombas. "¡Qué piloto tan estúpido y descuidado!", se dijo cuando vio una bomba caer. Él también pensó que era solo un simulacro.

Otro oficial creyó que un piloto estaba presumiendo cuando un avión pasó volando muy bajo. Buscó el número del piloto temerario, pero en vez de eso vio ¡un círculo rojo en el ala del avión! Era el símbolo de Japón.

En su casa, el almirante Kimmel se acababa de poner la chaqueta blanca de su uniforme cuando escuchó una explosión en la distancia. Corrió afuera y vio una columna de humo y fuego levantarse desde Pearl Harbor. Por el aire pasaban oleadas de aeronaves. Kimmel vio los puntos rojos en las alas y se dio cuenta de la terrible realidad: ¡los japoneses estaban atacando! El almirante se puso "tan blanco como su uniforme", dijo un vecino.

Kimmel corrió a dar la alarma: "¡No es un simulacro! ¡Hombres a sus puestos!".

En el puerto, las bocinas de los barcos de guerra resonaban: "¡Aviones reales! ¡Bombas reales!". En cada cubierta, los marineros gritaban a sus compañeros: "¡Ataque japonés!".

¡No es un simulacro!

¡Aviones reales!

¡Bombas reales!

Los aviones japoneses atacaron primero, volando muy bajo sobre el puerto. Lanzaron torpedos que cayeron al agua como monstruos marinos. Bajo el agua, los misiles iban directo a los cascos de los buques más grandes.

Uno tras otro, los barcos estadounidenses fueron impactados. Parecían "explotar en una reacción en cadena", dijo un testigo. Un día que empezó tranquilo se convirtió en una pesadilla.

Aviones de ataque japoneses

Los japoneses tenían diferentes aviones de guerra para realizar diferentes tareas.

A los aviones de combate los llamaban Ceros. Podían volar en picado muy cerca del suelo, disparando ametralladoras que llevaban en las alas. Los Ceros podían girar y dar la vuelta a una velocidad vertiginosa. Ninguno de los aviones estadounidenses de esa época se podía mover con la velocidad y facilidad de los Ceros.

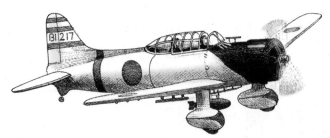

Los bombarderos en picado, muchas veces llamados Vals, cargaban bombas bajo ambas alas y una bomba más grande bajo el cuerpo del avión. Podían volar muy bajo para dar en el blanco con mayor precisión.

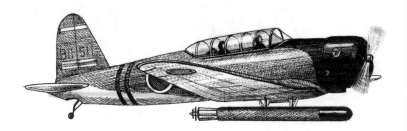

Los bombarderos de gran altitud, llamados Kates, lanzaban bombas de 1,700 libras desde muy alto. Las bombas ganaban fuerza al ir acercándose a la tierra. Otros Kates lanzaban los torpedos especiales que fueron diseñados para las aguas poco profundas de Pearl Harbor.

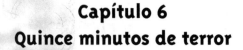

Capítulo 6
Quince minutos de terror

El ataque empezó a las 7:55. Los siguientes quince minutos fueron los más devastadores.

A bordo de los barcos estadounidenses, reinaba el caos. Las bombas mataron a muchos instantáneamente. Los heridos luchaban para llegar a las estaciones de batalla y contraatacar. Corrían por las cubiertas resbalosas por la sangre y el combustible derramados, mientras el agua entraba a raudales

por los huecos en los barcos. En los niveles más bajos, había hombres atrapados en cuartos inundados.

En solo quince minutos, los japoneses llevaron a cabo la mayor parte de la destrucción en Pearl Harbor.

Eran las 8:05 cuando el *Oklahoma*, en Formación de Acorazado, recibió el primero de siete torpedos. Con agujeros en los lados, el agua entraba por todas partes y el *Oklahoma* empezó a hundirse, cayendo en las profundidades. Había marineros atrapados en la oscuridad de los niveles bajos. "Fui lanzado, girado y empujado hacia la nada", dijo un sobreviviente. "Todos nosotros, vivos, moribundos y muertos, girábamos juntos en un remolino".

"Lentamente y dando tumbos de acá para allá, el *Oklahoma* empezó a inclinarse hacia un lado", dijo un testigo. En minutos, solo el casco redondeado se veía sobre el agua. Parecía una gran ballena muerta.

El *Oklahoma* llegó al fondo de la bahía en tan solo ocho minutos después de haber recibido el primer torpedo. Cuatrocientos hombres murieron a bordo del barco.

Al mismo tiempo, un torpedo explotó debajo del *West Virginia* y la tripulación voló por los aires. Este enorme buque de guerra se vino abajo de inmediato. Dos torpedos más volcaron el *Utah*. Otro partió en dos el casco de un barco más pequeño llamado el *Oglala*, que se volcaría dos horas después.

"Fue terrible. Grandes barcos desaparecían ante mis ojos", dijo un testigo.

No solo los buques de EE. UU. explotaban, también lo hacían sus aviones. Bombarderos japoneses atacaron con furia los aeródromos cercanos. Su objetivo era destruir los aviones en tierra antes de que los pilotos estadounidenses pudieran despegar para contraatacar.

Las primeras bases aéreas que atacaron fueron Hickam, Wheeler, Bellows y Ewa. En ellas, los aviones estaban alineados uno al lado del otro, ala con ala. Estaban estacionados todos juntos, a cielo abierto, para protegerlos fácilmente contra los espías. Pero ahora habían quedado trágicamente al descubierto para ser atacados.

En los primeros quince minutos del ataque sobre Ewa, treinta y tres de los cuarenta y nueve aviones fueron destruidos, los dieciséis restantes habían quedado demasiado dañados para volar.

Cerca de allí, en Wheeler, los bombarderos mataron a cientos de soldados en sus barracas; muchos

de ellos estaban todavía durmiendo. En Hickam, una bomba destruyó docenas de aviones de un solo golpe. "Bombarderos en picado destrozaban el lugar", dijo un testigo.

Pero lo peor estaba por venir. Y el poderoso acorazado *Arizona* sería el blanco.

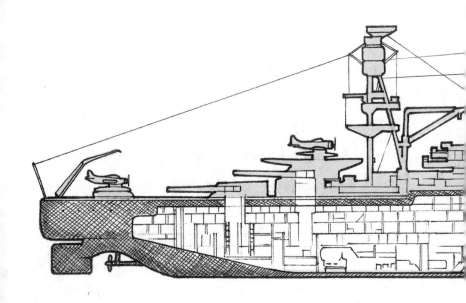

El enorme USS *Arizona* albergaba a mil quinientos oficiales y marineros. Vivir ahí era como vivir en una ciudad más que en un barco. Su casco gigante medía 600 pies de largo. Una armadura blindada cubría la superficie de las cubiertas altas y estaba protegido por armas poderosas y una tripulación muy bien entrenada. Las municiones se almacenaban en los niveles bajos.

Durante los primeros minutos del ataque, el *Arizona* pudo resistir los golpes de los torpedos.

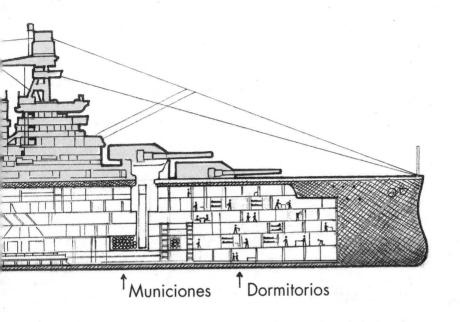

†Municiones   †Dormitorios

A las 8:10, el mástil seguía en su sitio. Luego, una bomba que cayó desde una altura de 10,000 pies, agujereó la gruesa armadura del *Arizona*, atravesó varias cubiertas y explotó en el área donde todas las municiones estaban almacenadas. Más de 1 millón de libras de pólvora explotaron creando una inmensa bola de fuego.

En un instante, más de mil hombres murieron en el *Arizona*.

Los testigos quedaron pasmados al ver la explosión que alcanzó 500 pies de altura. Los cuerpos volaban por el aire. El mismo *Arizona* se elevó varios pies por encima del agua. Luego, simplemente se partió en dos. Un sismo sacudió la isla entera, lanzando a docenas de hombres de los barcos cercanos al mar. Pedazos del *Arizona* llovieron por toda la isla.

En minutos, el gran *Arizona* se hundió al fondo de la bahía, donde todavía se encuentra. Los cuerpos de los muertos nunca se recuperaron.

Muchas de las víctimas del *Arizona* eran hermanos. Treinta y siete pares de hermanos prestaban servicio juntos en el barco. Solo un par sobrevivió. Después del ataque a Pearl Harbor, Estados Unidos trató de nunca más asignar hermanos al mismo barco.

El USS *Arizona*

Antes del ataque, un marinero del *Arizona* le escribió a su familia: "Bueno, mamá, un acorazado es el más seguro de todos los buques de una flota, así que no tienes nada de qué preocuparte".

El *Arizona* tenía unos enormes cañones montados en los costados. Se necesitaban dieciséis hombres para operar cada uno. Estas piezas de artillería de 50 pies lanzaban

cabezas explosivas que pesaban hasta 1,500 libras y que podían golpear a un barco a 20 millas de distancia.

La tripulación del *Arizona* estaba preparada para una batalla en el mar. Pero el ataque a Pearl Harbor llegó desde el aire. La mayoría de las armas del *Arizona* nunca tuvieron la oportunidad de ser dispararadas.

Casi la mitad de los hombres que murieron en Pearl Harbor, murieron en el *Arizona*.

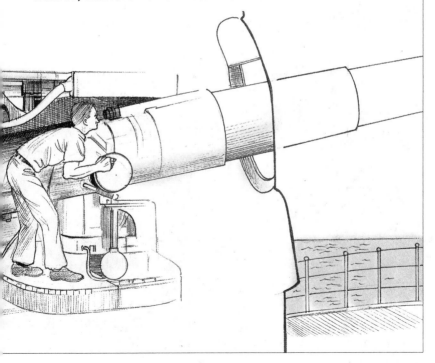

Capítulo 7
El mar en llamas

El petróleo que escapó de los barcos cubrió el agua con una capa espesa que luego se incendió. Los marineros que saltaban de los barcos en llamas, caían al agua, que también estaba en llamas.

Mientras tanto, el combustible que explotó de los aviones bombardeados también originó incendios en los campos de aviación estadounidenses.

Los bombarderos japoneses no dejaron de atacar las bases hasta que todas las armas en su poder fueron usadas.

Aviones de combate volaban detrás de los bombarderos y disparaban contra las bases con ametralladoras. Volaban muy bajo disparando a todo lo que veían: aviones, barracas, comedores y hombres corriendo para protegerse. Los soldados vieron a los pilotos japoneses asomarse fuera de sus cabinas y sonreír al pasar cerca. Los aviones volaban "tan cerca que podías lanzarles piedras", dijo un aviador.

A las 8:35 hubo una breve pausa en la acción mientras el primer grupo de aviones japoneses se alejaba.

Veinte minutos después, un segundo grupo de 170 aviones se dirigía hacia Pearl Harbor para terminar la tarea: destruir los barcos que ya habían sido golpeados y los aviones que ya estaban en llamas.

Pero ahora los estadounidenses estaban listos para contraatacar. Soldados y marineros corrían a preparar sus armas y limpiar las pistas y cubiertas. La mayoría de los veintinueve aviones enemigos derribados por las fuerzas estadounidenses ese día fueron destruidos durante la segunda oleada del ataque.

A las 9:45 a. m., el cielo estaba vacío. El ataque había terminado. Habían pasado menos de dos horas desde que cayeron las primeras bombas.

Los pilotos japoneses regresaron a sus portaaviones. Habían obtenido una impresionante victoria y pagaron muy poco por ella. Solo perdieron veintinueve de los 353 aviones que usaron. Ninguno de los seis portaaviones fue descubierto, ni mucho menos dañado.

Por pura suerte, Estados Unidos tampoco perdió ningún portaaviones. Ese día, ninguno de los tres portaaviones de la Flota del Pacífico estaba en Pearl Harbor.

Sin embargo, las pérdidas de EE.UU. fueron impactantes. Murieron más de 2,400 estadounidenses. Casi 1,200 resultaron heridos. La Flota del Pacífico quedó destruida. Se hundieron o dañaron veintiuna naves, incluyendo los ocho grandes acorazados que estaban en Pearl Harbor. De los casi cuatrocientos aviones que había en la isla, solo setenta y uno no sufrieron daños.

Los japoneses cumplieron con la promesa de Yamamoto. Le dieron un "golpe demoledor" a las fuerzas estadounidenses en el Pacífico. Pearl Harbor quedó convertido en ruinas humeantes.

Capítulo 8
Una gran valentía, a pesar de todo

En medio del ataque, un sinnúmero de marineros y soldados estadounidenses lucharon como mejor pudieron.

Las tripulaciones que alcanzaron a llegar a sus estaciones de batalla, combatieron hasta el último minuto. El comandante Cassin Young estaba a cargo de un barco de reparación llamado el *Vestal* cuando cayeron las primeras bombas. Young corrió al puente de mando y empezó a disparar una de sus

grandes armas. A pesar de ser lanzado por la borda, nadó de regreso a su barco.

Partes del barco de Young se estaban quemando, y el calor y las llamas salían intensamente del *Arizona*, anclado al lado del *Vestal*. Aunque las bombas no paraban de caer, Young y sus hombres lograron alejar su barco del *Arizona* y acercarlo a la playa para que no se hundiera.

En el furor de la batalla, había que tomar decisiones en cuestión de segundos. Dorie Miller, un cocinero de la Armada en el *West Virginia*, estaba en el puente del barco al lado de un cañón antiaéreo. Era un arma poderosa fabricada para contraatacar al enemigo. Miller, que era afroamericano, no estaba entrenado para usarlo. Lamentablemente, en esa época a los afroamerica-

nos no los entre-
naban para el
combate. De
todas formas,
Miller tomó el
cañón, jaló
el gatillo y
empezó a
disparar
contra los
aviones
enemigos.

Las rápidas acciones de hombres como Miller sorprendieron a los japoneses. Desde el aire, el comandante Fuchida "se sorprendió" de ver que les disparaban desde los barcos estadounidenses "menos de cinco minutos después de que cayeran las primeras bombas".

Un marinero llamado Carl Carson, que había escapado del *Arizona*, se desmayó mientras nadaba en el agua en llamas hacia la costa. Luego de que lo rescataran, Carson se negó a sentarse en la orilla a recuperarse. Respondió al llamado de ayuda de una corneta del *Tennessee*, y fue hasta la estación de batalla de ese barco, que estaba en el mismo lugar que en el *Arizona*.

En las bases aéreas, los soldados también reaccionaron rápidamente. No podían usar la artillería antiaérea porque las municiones estaban guardadas bajo llave. Así que lucharon con las armas que encontraron. Algunos se metieron a las cabinas humeantes de los aviones dañados, arrancaron las ametralladoras y dispararon contra los aviones enemigos. Un soldado fue capaz de derribar con un rifle un avión japonés que volaba muy bajo.

En el aeródromo Kaneohe, el aviador John Finn se metió a un camión de municiones y les pasó ametralladoras y rifles a otros soldados. Finn disparó una ametralladora desde una plataforma de entrenamiento en medio del campo. Aviones Ceros volaron en picado para acercarse al suelo, apuntándole a él. Pero Finn no se rindió. Incluso ya herido, siguió disparando. "Nuestros hangares se quemaban, nuestros aviones explotaban y los hombres morían", recordó Finn tiempo después. "Yo estaba tan furioso, que no tuve tiempo de sentir miedo".

Capítulo 9
Al rescate

Con tantos aviones destruidos, los pilotos estadounidenses no tenían en qué volar. Pero unos jóvenes pilotos, los amigos George Welch y Kenneth Taylor, no se rindieron.

Cuando cayeron las primeras bombas, Welch y Taylor estaban a punto de ir a nadar. Habían pasado la noche fuera, bailando y jugando a las cartas.

De pronto, escucharon una explosión. Segundos después, los Ceros volaban sobre ellos, y vieron el Sol Naciente en sus alas.

Salieron de prisa en el auto de Taylor hacia el aeródromo Haleiwa, donde los japoneses aún no habían llegado. Una vez allí, los pilotos no perdieron tiempo. Saltaron a sus cabinas y despegaron directamente hacia los aviones enemigos. ¡Todavía llevaban puestos sus esmóquines!

Los japoneses superaban ampliamente en
número a Welch y Taylor. Pero por una hora y
media los dos estadounidenses persiguieron aviones
japoneses, volando en picado y girando para eva-
dir sus disparos o apuntar desde un ángulo mejor.
En un punto, Welch rescató a su amigo Taylor que
tenía a un avión enemigo justo detrás de la cola de
su avión.

En dos ocasiones, los pilotos aterrizaron para reabastecerse de combustible y municiones, y las dos veces regresaron a la batalla. En tierra, los soldados estadounidenses vitoreaban al ver los aviones con la bandera de EE. UU. Fue una de las pocas cosas que celebraron esa mañana.

Taylor y Welch regresaron sanos y salvos a la
base. Se cree que derribaron siete aviones enemigos,
cerca de un cuarto del total de los aviones derribados ese día.

Mientras que algunos hombres valientes contra-
atacaban, otros trabajaban para salvar a los heridos.
Botes de rescate navegaban por la bahía en llamas
intentando sacar a víctimas moribundas del agua.
Las balas de los aviones japoneses no los detuvieron.

En el *Arizona*, el marinero John Anderson cayó inconsciente cuando su barco explotó. Apenas se recuperó, ayudó a llevar a sus compañeros heridos a los botes salvavidas. Ya en tierra, Anderson no quiso quedarse en un lugar seguro. Buscó un bote, y en la bahía rescató a más hombres quemados por el combustible.

En tierra y durante días, los ciudadanos ayudaron a los doctores y enfermeras militares con los heridos. Por toda la isla, en jardines, barracas, escuelas e incluso en hangares, se armaron hospitales improvisados. "Sobre cada mesa del comedor había un hombre herido", dijo un marinero.

En una escuela, los doctores operaban en las mesas de la cafetería. En la noche del 7 de diciembre,

una nube de humo negro cubría el puerto. Toda la gente estaba conmocionada. La Sra. Earle, vecina del almirante Kimmel, resumió el sentimiento: "A pesar de que lo vi suceder, no podía creer lo increíble".

Capítulo 10
Entrar en la guerra

Yamamoto esperaba que su ataque "rompiera la voluntad de pelear de su enemigo". Estaba equivocado. Sucedió lo contrario.

Cualquier duda sobre la idea de entrar en la Segunda Guerra Mundial desapareció en ese instante. EE. UU. fue atacado. Ahora la guerra había llegado a la casa de los estadounidenses.

El 8 de diciembre, el presidente Roosevelt se dirigió al Congreso en el Capitolio. "Ayer, 7 de diciembre de 1941, una fecha que prevalecerá como una infamia, Estados Unidos fue atacado repentina y deliberadamente por fuerzas navales y aéreas del Imperio de Japón. Estados Unidos estaba en paz con esa nación".

Millones de estadounidenses escucharon la noticia por la radio. Las palabras del presidente llegaron hasta los corazones disgustados: Japón no había sido honorable, nunca debió atacar sin antes declarar la guerra. Era inconcebible que Japón hubiera iniciado una guerra mientras hablaba de paz.

El presidente le pidió al Congreso declararle la guerra a Japón. La respuesta fue un rotundo *sí*. EE. UU. también uniría fuerzas con los Aliados para enfrentar a los nazis.

Decenas de miles de hombres se enlistaron en el ejército. Las mujeres pasaron a ocupar sus empleos. Las fábricas estadounidenses trabajaron para apoyar la guerra.

Campos de concentración

En Estados Unidos, los sentimientos de enojo y sospecha contra los japoneses crecieron luego de Pearl Harbor. Dos meses después del ataque, el presidente Roosevelt tomó una terrible decisión: ordenó que todos los estadounidenses de origen japonés que vivían en la costa oeste fueran llevados a campos de concentración. Más

de 110,000 personas inocentes fueron obligadas a vivir rodeadas de alambre de púas por el resto de la guerra. Dos tercios de ellos habían nacido en Estados Unidos. Nadie en los campos fue hallado culpable de hacer nada ilegal, eran ciudadanos estadounidenses leales.

En 1988, el gobierno de Estados Unidos finalmente se disculpó con todos los estadounidenses de origen japonés por esta tragedia. Se envió dinero a quienes fueron detenidos en los campos. Y se creó un fondo para enseñar las lecciones de este vergonzoso suceso.

Hacia el final de la Segunda Guerra Mundial, los trabajadores de las fábricas habían construido ¡casi 300,000 aviones nuevos y más de 2,500 barcos!

Se restauró la Flota del Pacífico. Seis de los ocho acorazados bombardeados en Pearl Harbor fueron reparados y se volvieron a poner en servicio.

Después del ataque a Pearl Harbor, Japón se apoderó de más tierras en el sureste de Asia y en el Pacífico. Pero en junio de 1942, EE. UU. ganó una batalla importante en la isla Midway. Cuatro de seis portaaviones japoneses fueron destruidos, y a partir de ese momento, la situación no fue muy favorable para Japón.

En Europa, los combates terminaron en mayo de 1945. Alemania se rindió, pero Japón no.

Estados Unidos quería que la guerra terminara. Así que el 6 de agosto de 1945, el nuevo presidente, Harry Truman, dio la orden de lanzar una bomba atómica sobre la ciudad japonesa de Hiroshima. Tres días después lanzaron otra en Nagasaki.

CHINA

RUSIA

Mar de Japón

COREA

JAPÓN

Hiroshima

Nagasaki

Océano Pacífico

Estas bombas eran diferentes a las armas que se conocían en el mundo. Piensa en la diferencia entre una pelota de básquetbol y un guisante, y tendrás

una idea de cuánto más poderosa es una bomba atómica que una bomba regular. En un instante, barrios enteros desaparecieron. Solo un edificio quedó en pie en Hiroshima. En un instante, 250,000 ciudadanos japoneses murieron: hombres, mujeres y niños. No eran soldados; eran personas comunes.

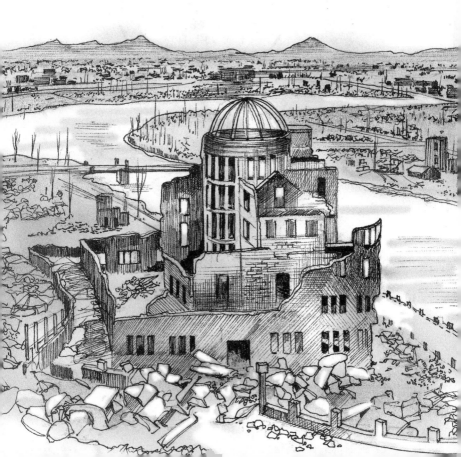

Presidente Harry S. Truman

Seis días después del bombardeo a Nagasaki, los japoneses se rindieron. La Segunda Guerra Mundial llegó a un amargo final.

¿Fue correcta la decisión de Truman de lanzar bombas atómicas en Japón?

Esa pregunta se ha debatido desde 1945. Sí, terminó la guerra. Pero, ¿qué pasaría en las guerras futuras? Ahora los enemigos tenían el poder de eliminarse los unos a los otros de la faz de la tierra. Desde 1945 se realizan esfuerzos en todo el mundo para garantizar que nunca se vuelvan a usar bombas atómicas.

En total, desde el inicio de la Segunda Guerra Mundial en 1939 hasta su final, murieron entre 50 y 70 millones de personas. Más de 400,000 eran estadounidenses. Para Estados Unidos, la Segunda Guerra Mundial empezó aquel domingo soleado en Pearl Harbor.

El casco destruido del *Arizona* es ahora un monumento de guerra. Cada año, 1.5 millones de visitantes van en botes a ver los restos del buque hundido en las aguas claras de la bahía. Llegan a honrar a los 1,177 hombres cuyos cuerpos siguen dentro del *Arizona*.

Muchos visitantes son japoneses. Hoy Japón y Estados Unidos son amigos y aliados cercanos.

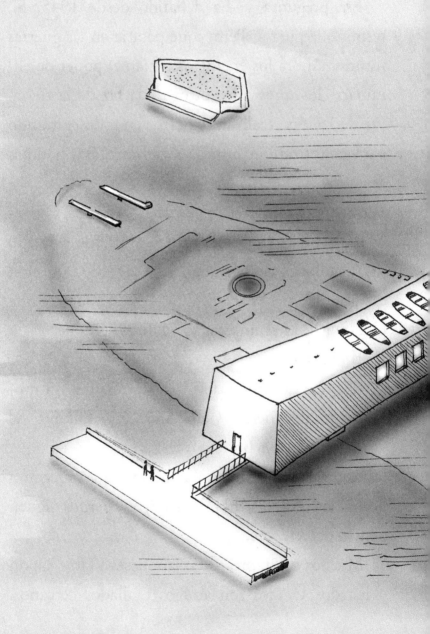

Ambos lados sufrieron terriblemente, y los recuerdos de la guerra ahora unen a ambos países en paz.

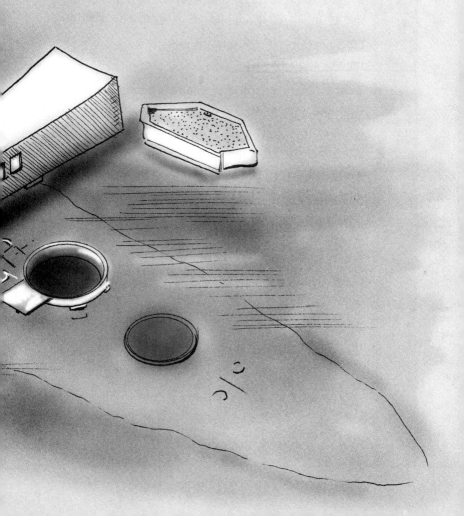

Línea cronológica del ataque a Pearl Harbor
Mañana del 7 de diciembre de 1941

6:05 —El primer grupo de aviones empieza a despegar de los seis portaaviones japoneses. En quince minutos, 183 aviones están en el aire.

6:20 —El comandante Fuchida da la señal a sus aviones para que se dirijan a Oahu. El vuelo durará noventa minutos.

6:45 —La tripulación del USS *Ward* descubre y hunde un minisubmarino japonés.

7:00 —El comandante Outerbridge reporta el hundimiento del submarino, pero no se emprende ninguna acción.

7:02 —Dos soldados rasos en Oahu ven una señal grande en la pantalla de su radar que significa que al menos cincuenta aviones se aproximan; al reportar la señal, se les dice que no se preocupen.

7:05 —El segundo grupo de aviones de ataque empieza a despegar de los portaaviones. A las 7:30, un total de 353 aviones de guerra japoneses vuelan en dirección a Pearl Harbor.

7:49 —Fuchida envía por radio la señal de ataque a sus aviones: "¡To! ¡To! ¡To!".

7:53 —Fuchida envía la señal "*¡Tora! ¡Tora! ¡Tora!*", que significa que han tenido éxito en sorprender al enemigo.

7:55	El ataque aéreo japonés comienza a la vez en Pearl Harbor y en los aeródromos de EE. UU., Ewa, Wheeler, Bellows y Hickman.
8:00	El almirante Kimmel comunica por radio a sus fuerzas: "¡No es un simulacro!".
8:05	El *Oklahoma* se hunde con más de cuatrocientos hombres atrapados dentro.
8:10	El *Arizona* explota cuando una bomba activa más de un millón de libras de pólvora. La explosión mata a 1,177 hombres que están en el buque.
8:35	El primer grupo de aviones japoneses se retira.
8:54	El segundo grupo de aviones japoneses llega a Oahu y se encuentra con un fuerte contraataque de los estadounidenses.
9:45	Termina el ataque, una hora y cincuenta minutos después de que cayeran las primeras bombas. Los aviones japoneses regresan a sus portaaviones.

Línea cronológica
de la Segunda Guerra Mundial

Los frentes clave durante la Segunda Guerra Mundial estaban en Europa y el Pacífico. En este resumen, los eventos que sucedieron en el Pacífico están en letra bastardilla.

Sep. 1939 —La Alemania nazi, bajo el mando de Adolfo Hitler, invade Polonia. Inglaterra y Francia le declaran la guerra a Alemania, lo que inicia la Segunda Guerra Mundial.

Jun. 1940 —Alemania ocupa Francia. Italia, bajo el mando del dictador Benito Mussolini, apoya a Alemania y declara la guerra a Inglaterra y Francia. *Tropas japonesas invaden Indochina.*

Sep. 1940 —Alemania comienza a bombardear a Inglaterra todas las noches. Alemania, Italia y Japón firman un acuerdo llamado el Pacto Tripartito. Esto los convierte en aliados contra sus enemigos comunes, Inglaterra y Francia.

Jul. 1941 —Estados Unidos congela activos financieros japoneses, deteniendo todas las exportaciones de petróleo a Japón.

Nov. 1941 —*Seis portaaviones japoneses, con cientos de aviones de guerra a bordo, se dirigen a Pearl Harbor.*

Dic. 1941 —*Los japoneses realizan un ataque sorpresa a Pearl Harbor, matando a 2,400 estadounidenses. Estados Unidos declara la guerra a Japón e ingresa a la Segunda Guerra Mundial del lado de los Aliados.*

Ene. 1942 —*Japón ocupa Manila, Filipinas.*

Feb. 1942 —*Japón ocupa Java y la Indonesia holandesa.*

Abr. 1942	—*En Filipinas, 5,200 estadounidenses capturados mueren en una marcha forzada por los japoneses.*
Jun. 1942	—*La Armada de EE. UU. vence a la de Japón en la batalla de Midway, marcando un momento decisivo en la guerra del Pacífico.*
Sep. 1943	—Italia se rinde, pero Alemania sigue combatiendo.
Ago. 1944	—Los ejércitos de Francia y EE. UU. liberan París.
Ene. 1945	—Tropas de EE. UU. ponen un alto al avance de Alemania en la batalla de las Ardenas, la batalla en tierra más grande en la historia de EE. UU.
Mar. 1945	—*Tropas estadounidenses bombardean Tokio, matando a más de 80,000 personas.*
Abr. 1945	—Soldados estadounidenses liberan a 32,000 sobrevivientes de los campos de concentración nazi. Los nazis mataron en total a 6 millones de judíos durante la guerra en lo que ahora se conoce como el Holocausto. Adolfo Hitler se suicida.
May. 1945	—Alemania se rinde.
Ago. 1945	—*Estados Unidos lanza bombas atómicas en las ciudades japonesas de Hiroshima (6 de agosto) y Nagasaki (9 de agosto).*
Sep. 1945	—Japón se rinde.

Colección ¿Qué fue...? / ¿Qué es...?

El Álamo
La batalla de Gettysburg
El Día D
La Estatua de la Libertad
La expedición de Lewis
y Clark
La Fiebre del Oro
La Gran Depresión

La isla Ellis
La Marcha de Washington
El Motín del Té
Pearl Harbor
Pompeya
El Primer Día de Acción
de Gracias
El Tren Clandestino

Colección ¿Quién fue...? / ¿Quién es...?

Albert Einstein
Alexander Graham Bell
Amelia Earhart
Ana Frank
Benjamín Franklin
Betsy Ross
Fernando de Magallanes
Franklin Roosevelt
Harriet Beecher Stowe
Harriet Tubman
Harry Houdini
Los hermanos Wright
Louis Armstrong

La Madre Teresa
Malala Yousafzai
María Antonieta
Marie Curie
Mark Twain
Nelson Mandela
Paul Revere
El rey Tut
Robert E. Lee
Roberto Clemente
Rosa Parks
Tomás Jefferson
Woodrow Wilson

Avión de ataque tipo Cargador 97 de la Armada japonesa

Un bombardero japonés cerca de Pearl Harbor

Franklin Delano Roosevelt

Hideki Tojo

El presidente Roosevelt solicita al Congreso una declaración
de guerra el 8 de diciembre de 1941.

Un oficial comandante japonés en uno de los portaaviones

Fotografía aérea de Pearl
Harbor, Hawái

Hirohito, emperador
de Japón

Aviones japoneses despegan de un portaaviones para atacar Pearl Harbor.

Marineros de EE. UU. apagan las llamas en el USS *West Virginia*.

Vista aérea de la "Formación de Acorazados" al inicio del bombardeo

El subteniente Kennet M. Taylor (izquierda) y el subteniente
George S. Welch (derecha)

El USS *Maryland* ligeramente dañado y el USS *Oklahoma*
ya volcado

Periódicos que anuncian
el traslado de japoneses a campos
de concentración

Un afiche conmemorativo
del ataque a Pearl Harbor

Un torpedo "de largo alcance" japonés de la Segunda Guerra Mundial,
afuera de la oficina central de la Armada de EE. UU.

Placa recordatoria montada sobre los restos del acorazado
USS *Utah*

Marineros honran a los hombres que murieron en el ataque
a la Estación Naval Aérea.

El USS *Arizona* hundido y quemándose mientras hombres a bordo

del USS *Tennessee* (izquierda) apuntan con mangueras al agua para alejar el combustible de su barco.

Aviones torpederos atacan la "Formación de Acorazados".

Banda de la unidad 22 del USS *Arizona* la noche antes del ataque

Personas en Nueva York sostienen periódicos que anuncian
el ataque japonés a Pearl Harbor.

Monumento al USS *Arizona*

Oficial comandante del USS *Indianapolis*, capitán E.W. Hanson
(segundo a la derecha) y sus hombres

El Centro de Reubicación Manzanar, en California

Doris Miller (derecha) recibe
la Cruz Naval.

Honolulú, Hawái, en la década de 1940

Un avión de combate japonés tipo 00 ("Cero") derribado

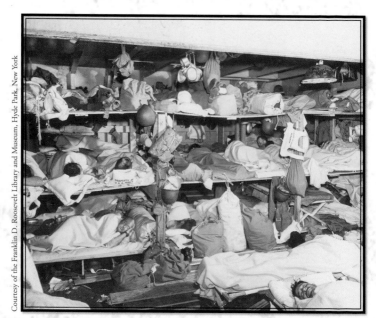

Dormitorio típico para marineros en un acorazado estadounidense

Oficial naval japonés da instrucciones a sus tropas.